Andreas Hörmann

Gestaltung flexibler Prozesse im Unternehmen mit
Management-Systemen

Bibliografische Information der Deutschen Nationalbibliothek:

Bibliografische Information der Deutschen Nationalbibliothek: Die Deutsche
Bibliothek verzeichnet diese Publikation in der Deutschen Nationalbibliografie;
detaillierte bibliografische Daten sind im Internet über http://dnb.d-nb.de/ abrufbar.

Copyright © 1996 Diplomica Verlag GmbH
Druck und Bindung: Books on Demand GmbH, Norderstedt Germany
ISBN: 9783838603322

http://www.diplom.de/e-book/216315/gestaltung-flexibler-prozesse-im-unterneh-
men-mit-groupware-und-workflow-management-systemen

Andreas Hörmann

Gestaltung flexibler Prozesse im Unternehmen mit Groupware und Workflow-Management-Systemen

Diplom.de

Andreas Hörmann

Gestaltung flexibler Prozesse im Unternehmen mit Groupware und Workflow-Management-Systemen

Diplomarbeit
an der Universität des Saarlandes
Dezember 1996 Abgabe

Diplomarbeiten Agentur
Dipl. Kfm. Dipl. Hdl. Björn Bedey
Dipl. Wi.-Ing. Martin Haschke
und Guido Meyer GbR

Hermannstal 119 k
22119 Hamburg

agentur@diplom.de
www.diplom.de

ID 332
Hörmann, Andreas: Gestaltung flexibler Prozesse im Unternehmen mit Groupware und
Workflow-Management-Systemen / Andreas Hörmann –
Hamburg: Diplomarbeiten Agentur, 1997
Zugl.: Saarbrücken, Universität, Diplom, 1996

Dipl. Kfm. Dipl. Hdl. Björn Bedey, Dipl. Wi.-Ing. Martin Haschke & Guido Meyer GbR
Diplomarbeiten Agentur, http://www.diplom.de, Hamburg
Printed in Germany

Diplomarbeiten Agentur

Wissensquellen gewinnbringend nutzen

Qualität, Praxisrelevanz und Aktualität zeichnen unsere Studien aus. Wir bieten Ihnen im Auftrag unserer Autorinnen und Autoren Wirtschafts-studien und wissenschaftliche Abschlussarbeiten – Dissertationen, Diplomarbeiten, Magisterarbeiten, Staatsexamensarbeiten und Studien-arbeiten zum Kauf. Sie wurden an deutschen Universitäten, Fachhoch-schulen, Akademien oder vergleichbaren Institutionen der Europäischen Union geschrieben. Der Notendurchschnitt liegt bei 1,5.

Wettbewerbsvorteile verschaffen – Vergleichen Sie den Preis unserer Studien mit den Honoraren externer Berater. Um dieses Wissen selbst zusammenzutragen, müssten Sie viel Zeit und Geld aufbringen.

http://www.diplom.de bietet Ihnen unser vollständiges Lieferprogramm mit mehreren tausend Studien im Internet. Neben dem Online-Katalog und der Online-Suchmaschine für Ihre Recherche steht Ihnen auch eine Online-Bestellfunktion zur Verfügung. Inhaltliche Zusammenfassungen und Inhaltsverzeichnisse zu jeder Studie sind im Internet einsehbar.

Individueller Service – Gerne senden wir Ihnen auch unseren Papier-katalog zu. Bitte fordern Sie Ihr individuelles Exemplar bei uns an. Für Fragen, Anregungen und individuelle Anfragen stehen wir Ihnen gerne zur Verfügung. Wir freuen uns auf eine gute Zusammenarbeit

Ihr Team der *Diplomarbeiten* **Agentur**

Dipl. Kfm. Dipl. Hdl. Björn Bedey –
Dipl. Wi.-Ing. Martin Haschke ——
und Guido Meyer GbR ————

Hermannstal 119 k ————
22119 Hamburg ————

Fon: 040 / 655 99 20 ————
Fax: 040 / 655 99 222 ————

agentur@diplom.de ————
www.diplom.de ————

Inhaltsverzeichnis

1 Motivation

„Die Antwort auf die Frage: Warum die herkömmlichen Theorien und Methoden des Managements auf einmal nicht mehr funktionieren, nämlich wegen mangelndem vernetzen Denken, (...) Dazu kommt, daß vieles was früher unzusammenhängend nebeneinander lag: Fabriken, Städte, Seen, Wälder, Verkehrswege, Verwaltung, durch die zunehmende Dichte und Wechselwirkung mit der Umwelt zu einem System geworden ist. Zu einem neuen Ganzen, das sich völlig anders verhält als vorher seine Einzelteile."[1]

(Vester, F.)

Wie *Vester* in seiner Darstellung beschreibt, greifen herkömmliche Managementphilosophien in der momentanen Wettbewerbssituation nicht mehr. Gefordert ist ein Umdenken, ein neues Denken und ein Denken in Systemzusammenhängen. Das Bild von dem „unerwarteten" Ganzen als Summe der Teile läßt sich auf die durch sich ständig verändernde Umwelt geprägte Unternehmenssituation beziehen. Teile wie z.B. das Handeln ausländischer Konkurrenz lassen sich nicht, wie gewohnt, in ein Bild zusammenfügen und daraus eine klare Strategie ableiten. Wie soll aber ein Unternehmen in einer sich wandelnden Umwelt seine neue Strategie bestimmen?

1.1 Problemstellung und Zielsetzung der Arbeit

Die Situation vieler Unternehmen hat sich in den letzten Jahren durch den Wandel in der Umwelt und durch die Entwicklung der Informationstechnologien stark verändert. Die zunehmende Globalisierung, der stärkere Druck der Konkurrenz aus den osteuropäischen und asiatischen Ländern und der Wandel des Verhaltens der Kunden zu anspruchsvolleren Konsumenten führen zu einer drastischen Veränderung des Marktes und damit der Wettbewerbslandschaft.[2] Als Beispiel für eine sich im Wandel befindliche Industrie kann die Automobilbranche genannt

---

[1] Vester, F.: Leitmotiv vernetztes Denken. Für einen besseren Umgang mit der Welt. München 1988, S. 9 - 11.

[2] Vgl. hierzu auch Scholz, C.: Personalmanagement: informationsorientierte und verhaltenstheoretische Grundlagen. 4. verb. Aufl., München 1994, S. 3 - 22.

werden. Neue gesetzliche Rahmenrichtlinien durch die Öffnung der Märkte, geänderte Kundenwünsche bezüglich Umweltschutz oder die Konkurrenz aus Fernost sind hier Faktoren für einen Wandel und damit eine Anforderung für eine Veränderung der strategischen Überlegungen in den Unternehmen. Standen früher Kosten-Nutzen-Betrachtungen in Verbindung mit Rationalisierungspotentialen im Vordergrund der Betrachtung einer Unternehmensstrategie, so werden heute zusätzliche Instrumente als „strategische Waffen" gesucht. Dies gilt in besonderem Maße für Branchen, die eine sehr hohe Abhängigkeit von der sich schnell wandelnden Umwelt aufweisen.

Als eine wichtige „strategische Waffe" wird die Flexibilität gesehen, mit der die Unternehmen versuchen, sich an den Umweltwandel anzupassen und der Dynamik des Marktes zu begegnen. Im Rahmen der Strategie wird nachgedacht, wie man Unternehmen flexibler gestalten kann, um kundenorientierter und leistungsfähiger zu werden. Um die Leistungsfähigkeit im Unternehmen zu steigern, sollte die Unternehmenssituation ganzheitlich betrachtet und eine Restrukturierung des Unternehmens durch Neuausrichtung der Geschäftsprozesse und aller Folgeentscheidungen durchgeführt werden. Nach *Klotz*[3] ergeben sich die Probleme nicht aus den organisatorischen Strukturen, sondern aus den Strukturen ihrer Unternehmensprozesse. Die Prozesse müssen vollkommen neu gestaltet und dann kontinuierlich verbessert werden. So verordnen *Hammer* und *Champy* eine „Radikalkur für das Unternehmen", bei der es nicht um die Änderung des Vorhandenen, sondern um eine grundlegende Neuordnung der Unternehmensabläufe entlang der Wertschöpfungskette geht.[4] Die Frage der Kostenreduktion tritt hinter der neuen Fragestellung „Warum geschieht dieser Prozeß überhaupt?" zurück. Als Folge dieser Überlegungen erhoffen sich die Unternehmen „Quantensprünge", wie es *Hammer u. Champy* ausdrücken, bezüglich der Verringerung der Durchlaufzeit und der Kosten, sowie der Steigerung der Qualität und der Flexibilität. Durch Verbesserung der Unternehmensprozessse kann nun schneller, flexibler und kostengünstiger auf Kundenwünsche eingegangen werden.

Um die Flexibilisierung im Unternehmen und in den Unternehmensbereichen dauerhaft zu unterstützen ist der richtige Einsatz der Informationstechnologie (IT) wichtig. Diese Überlegung

---

[3] Vgl. Klotz, U.: Schlüssel zur Organisation der Zukunft (I) - Business Reengineering, Networking und Groupware. OM, 43 (1995) H. 1-2, S. 10-13.

[4] Vgl. Hammer, M. u. Champy, J.: Business Reengineering: die Radikalkur für das Unternehmen. Übers.: P. Künzel. 2. Aufl. Frankfurt/Main-New York 1994.

führt zu der Notwendigkeit einer Betrachtung der veränderten strategische Aspekte durch die IT im Rahmen der oben beschriebenen Veränderung der Gesamtstrategie. Das Management eines Unternehmens benötigt eine auf die Veränderungen abgestimmte Unterstützung durch die IT. Die neue IT- Strategie der Unternehmen muß folglich eine Anpassung an die dynamische Umwelt vorsehen. Die flexible Prozeßgestaltung kann durch „Computer Supported Cooperative Work" (CSCW) unterstützt werden. CSCW mit „Workflow-Computing" (WfC) und „Workgroup-Computing" (WgC) stellen Ansätze für die genannte Unterstützung dar. Im einzelnen sind dies zum Beispiel „Workflow-Management-Systeme" (WMS) und „Groupware" (GW). Die Unterstützung wird umgesetzt über offene, flexible Systemstrukturen, Teamarbeit, durch neue Kommunikationstechnik und technische Eigenschaften zur Steuerung der Abläufe dieser Systeme. Manuelle Arbeitsschritte werden zu automatisierten Prozessen, die ganzheitliche Bearbeitungsaufgaben beinhalten und in die Wertschöpfungskette des Unternehmens eingegliedert sind.[5]

Die strategischen Überlegungen bezüglich einer Flexibilisierung der Unternehmung und der Prozeßgestaltungsmöglichkeiten münden in der Fragestellung, wie man die Prozesse flexibel gestalten kann und sinnvoll durch die IT unterstützt. Ziel der vorliegenden Arbeit ist es daher, die Aufgaben- und Einsatzbereiche eines strategisch ausgerichteten Konzeptes für flexible Gestaltung von Prozessen mit Groupware- und Workflow-Management-Systemen-Unterstützung zu untersuchen, um damit nicht nur die Überlebensfähigkeit der Unternehmen, sondern auch die Marktposition günstig zu beeinflussen.

1.2   Beziehung der Arbeit zu angrenzenden Themenkomplexen

Die Arbeit behandelt einen weiten Bereich der Forschung und Praxis der Betriebswirtschaftslehre und Informationstechnologie. Das Spannungsfeld der Arbeit wird erzeugt durch die Aktualität der Thematik und die Einbeziehung vieler für Unternehmen interessanter Probleme sowie die Überschneidung dieser unterschiedlichen Bereiche. In dieser Arbeit wird folglich zu erklären versucht, daß das Thema in der Überschneidungszone und damit zwischen der Informationstechnologie und der Betriebswirtschaftslehre anzuordnen ist. In dem

---

[5] Vgl. Neumann, N.: Vom Wert und der Freude an der Arbeit - Workflow-Management. OM, 42 (1994) H. 10, S. 68-69, s. bes. S. 69.

Spannungsfeld dieser beiden Dimensionen werden die Bereiche Informatik, verschiedene Betriebs-, Rechts-, Sozial- und Ingenieurswissenschaften sowie angrenzende Gebiete berührt.

Im einzelnen sind dies auf der Seite der IT die Informatik und die benachbarten Wissenschaften. Die Informatik als solche beschäftigt sich mit der Informationstechnologie, den Anwendungen und den ihr zugrundeliegenden Prinzipien.[6] Angrenzend daran ist das „Information-Engineering" als angewandte ingenieurstechnische Bearbeitung von Informationssystemen oder auch die Ingenieursinformatik mit der Prozeßautomatisierung zu sehen.[7] Die Wirtschaftsinformatik ist ein Bindeglied zwischen IT und der BWL. Die Wirtschaftsinformatik ist mit der EDV-orientierten BWL eine Weiterentwicklung und Teil einer speziellen BWL, die sich mit den neuen Anforderungen an die BWL durch die IT beschäftigt.[8] Aus diesem Grunde kann die Wirtschaftsinformatik als Teil der Schnittmenge in der Abbildung dargestellt werden. Sie beschreibt genau den mit der Thematik dieser Arbeit angesprochenen Weg von der BWL zur IT. Natürlich wird von der Wirtschaftsinformatik auch der entgegengesetzte Weg beschrieben. Aus dem Bereich der allgemeinen BWL sind Bereiche wie Organisation und Personalwesen und verknüpfte Gebiete wie Arbeits-, Rechts- und Sozialwissenschaften durch arbeitsmarktpolitische Maßnahmen und Umgestaltungen des Arbeitsablaufes und der Arbeitsorganisation zu nennen.[9] Selbst Nachbardisziplinen wie die Psychologie spielen bei der Neugestaltung der Kommunikation, bei Implementierungen von innovativer Technologie und Restrukturierungsmaßnahmen als Teil der Personalentwicklung eine Rolle.

Durch die Einbeziehung vieler wissenschaftlicher Bereiche und der Aktualität der Thematik für die Praxis erscheint gerade eine Betrachtung und ein Überblick über den Stand der Forschung und Entwicklung auf diesem Gebiet dringend notwendig. Abgrenzend wird jedoch auf die weiterführende Literatur verwiesen, da bei der Fülle der obigen Bereiche nur Teile im Rahmen dieser Arbeit angesprochen werden können.

---

[6] Vgl. Computerlexikon. 1. deutsche Ausgabe. Hrsg.: Sybex. Übers.: H.-P. Messmer. Bearb.: G. Lierhaus. Düsseldorf 1991, S. 222: „Die Informatik umfaßt Bereiche wie Programmierung, Informationsstruktur, Software-Engineering, Programmiersprachen, Compiler und Betriebsysteme, Hardware-Design und -Prüfung, Computersystemarchitektur, Computernetzwerke und -schnittstellen, Systemanalyse und -design."
[7] Vgl. Stahlknecht, P.: Wirtschaftsinformatik. 7. Aufl., Berlin-Heidelberg-New York-London-Paris-Tokyo-Hong Kong 1995, S. 10 - 11.
[8] Vgl. Scheer, A.-W.: EDV-orientierte Betriebswirtschaftslehre - Grundlagen für ein effizientes Informations-management. 4. Aufl., Berlin-Heidelberg-New York-London-Paris-Tokyo-Hong Kong 1990, S. 6 - 7.
[9] Vgl. Wöhe, G.: Einführung in die Allgemeine Betriebswirtschaftslehre. 19. Aufl., München 1996, S. 31 - 34.

1.3   Aufbau der Arbeit

Die Thematik der Arbeit bildet die Schnittstelle zwischen der Informatik und der BWL. Neben der Verbindung der angrenzenden Bereiche entstehen durch die wachsenden Anforderungen an die neuen Unternehmensziele eine gesteigerte Komplexität bei der Planung und Umsetzung derselben. Mit Hilfe von CSCW und flexiblen Prozeßgestaltungsmöglichkeiten soll hier ein Lösungsweg aufgezeigt werden.

Nach einer Beschreibung der Grundlagen und Festlegung der Definitionen für die betrachteten Untersuchungsgegenstände im Kapitel eins, erfolgt die Entwicklung des Flexibilitätsbegriffes und der Anforderungen für ein Flexibilitätsmanagement in Kapitel zwei und der Untersuchung der Prozeßgestaltungsmöglichkeiten in Kapitel drei. Dies geschieht durch die Betrachtung der systematischen Organisationsentwicklung mit dem Engineering, der Betrachtung der „Entwicklung auf der grünen Wiese" des Re-Engineering, bis hin zu den kontinuierlichen Verbesserungsprozessen. Anhand eines Beispielprozesses wird zuerst ein unflexibler IST-Prozeß dargestellt, der dann als SOLL-Modell durch Flexibilisierung verbessert wird. Hieran sollen erste Ansätze zur Verbesserung der Unternehmenssituation demonstriert werden. Die Modellierung vollzieht sich im Rahmen der von Scheer entwickelten „Architektur integrierter Informationssysteme - ARIS"[10]. Diese Architektur ermöglicht es Gestaltungsmöglichkeiten nach Organisations-, Daten- und Funktionsaspekten zu differenzieren und bildet das dynamische Systemverhalten in der Steuerungssicht ab. Im Teil IV der Arbeit erfolgt zunächst eine Beschreibung der IT-Möglichkeiten. Ausgehend von den Begriffen des CSCW, der GW und den WMS wird eine Analyse der Beeinflussungsmöglichkeiten der IT durch die BWL vorgenommen. Die Evaluierung der Möglichkeiten von CSCW mündet dann in der Darstellung von flexiblen Prozeßgestaltungsstrukturen mit Groupware und Workflow-Management-System-Unterstützung. Abschließend wird in Kapitel fünf die Thematik kurz zusammengefaßt und soweit möglich, ein Trend für eine Entwicklung aufgezeigt.

---

[10] Vgl. Scheer, A.-W.: Architektur integrierter Informationssysteme - Grundlagen der Unternehmensmodellierung. 2. Aufl., Berlin-Heidelberg-New York-London-Paris-Tokyo-Hong Kong 1992.

1.4   Grundlagen und Definitionen

1.4.1   Prozesse, Geschäftsprozesse, Geschäftsprozeßmanagement und Prozeßgestaltung

Ein Prozeß beschreibt eine Entwicklung, einen Verlauf, Ablauf oder Hergang.[11] Ein Prozeß ist demnach „eine Folge von Aktivitäten, die in einem logischen Zusammenhang zueinander stehen und inhaltlich abgeschlossen sind, so daß sie von vor-, neben- oder nachgeordneten Vorgängen isoliert betrachtet werden können."[12] Ein „Prozeß in einer Organisation ist eine Reihe von aufeinanderfolgenden Handlungen (Verrichtungen), die zu einem definierten Zeitpunkt oder durch ein definiertes Ereignis angeregt wird und zu einem definierten Ende und einem meßbaren Ereignis führt."[13]

Da jeder wirtschaftliche Prozeß ergebnisorientiert ist und auf das Erreichen eines Unternehmenszieles ausgerichtet wird, spricht man auch von Geschäftsprozessen. Unter einem Geschäftsprozeß versteht man daher „eine Transaktion oder eine Folge von Transaktionen zwischen betrieblichen Objekten. (...) Gegenstand der Transaktionen ist der Austausch von Leistungen und/oder Nachrichten zwischen Objekten."[14] Ergänzend kann man einen Geschäftsprozeß als einen „Prozeß, mit dem Bedürfnisse Dritter (Kunden, Patienten, Bürger etc.) erfüllt werden sollen und in dem diese Dritten daher zu Prozeß-"Beteiligten" gemacht werden"[15], sehen. Ein Geschäftsprozeß ist daher eine Transaktion zwischen Prozeß-Beteiligten, bei dem Leistungen und/oder Informationen zur Bedürfnisbefriedigung der Beteiligten oder Dritter ausgetauscht werden. Vereinfachend wird im folgenden nur noch von „Prozeß" gesprochen.

Unter Geschäftsprozeßmanagement wird „ein Konzept zur modellbasierten Gestaltung, Koordination und Ausführung von Geschäftsprozessen verstanden."[16] Das bedeutet, daß

---

[11] Vgl. den Begriff „Prozeß" im Duden „Fremdwörterbuch". Bearb.: W. Müller u.a. Bd. 5: Fremdwörterbuch, Hrsg.: Wissenschaftlicher Rat der Dudenredaktion - G. Drodowski. 5. Aufl., Mannheim-Leipzig-Wien-Zürich (Bibliographisches Institut) 1990, S. 645.

[12] Elgass, P. u. Krcmar, H.: Computergestützte Geschäftsprozeßplanung. IM (1993) H. 1, S. 42 -49, s. bes. S. 43. Chrobok, R.: (Geschäfts-)Prozeßorganisation. zfo-Stichwort. zfo (1993) H. 3, S. 190 - 191.

[13] Chrobok, R.: (Geschäfts-)Prozeßorganisation. zfo-Stichwort. zfo (1993) H. 3, S. 190 - 191.

[14] Ferstl, O. K. u. Sinz, E. J.: Geschäftsprozeßmodellierung. Wirtschaftsinformatik 35 (1993) H. 6, S. 589 - 592, s. bes. S. 590.

[15] Chrobok, R.: (Geschäfts-)Prozeßorganisation. zfo-Stichwort. zfo (1993) H. 3, S. 190 - 191.

[16] Scheer, A.-W.; Nüttgens, M.; Zimmermann, V.: Rahmenkonzept für ein integriertes Geschäftsprozeß-management. Wirtschaftsinformatik 37 (1995) H. 5, S. 426 -434, s. bes. S. 430.

Geschäftsprozesse geplant und gestaltet werden und alle Handlungen auf die Prozesse gerichtet sind. Die Gestaltung der Prozesse wird auch „Prozeßgestaltung" genannt.[17] Geschäftsprozesse einer Organisation werden hierbei analysiert und optimiert. Dabei müssen die Ziele, die Kernkompetenzen und die externen Einflußgrößen berücksichtigt werden.

1.4.2 Flexibilität

Das Wort „flexibel" kommt aus dem Lateinischen und bedeutet soviel wie biegsam und elastisch, aber auch beweglich, anpassungsfähig und geschmeidig. Flexibilität bedeutet damit nach einer psychologischen Auslegung des Wortes „die Fähigkeit des Menschen, sich im Verhalten und Erleben wechselnden Situationen rasch anzupassen".[18] Jedoch hat sich in der Literatur keine einheitliche Definition für Flexibilität durchsetzen können.

Flexibilität bedeutet nach Jacob „die Anpassungsfähigkeit des Unternehmens an Datenentwicklungen, die zwar für möglich gehalten werden, deren Eintreten aber nur mit einer unter 1 liegenden subjektiven Wahrscheinlichkeit vorausgesagt werden" können.[19] *Schneeweiß u. Kühn* bezeichnen die Flexbilität als Maß für die Fähigkeit eines Systems sich anpassen zu können. Das Gegenteil von Flexibilität ist die Unfähigkeit oder Weigerung eines Unternehmens, sich an eine Veränderung anzupassen und läßt sich mit Starrheit beschreiben.[20] Das völlig inflexible Verhalten, bei dem das Unternehmen überhaupt keine Reaktion zeigt, bezeichnen die Autoren auch als „0-Strategie" oder auch als „Laissez-Faire-Strategie".

Thielen versteht unter Flexibilität „die Fähigkeit der Unternehmung, sich auf der Basis eines angemessenen finanziellen Spielraums im wesentlichen durch die interne Gestaltungsmaßnahmen an umweltinduzierte Veränderungen anpassen zu können und dies in

---

[17] Vgl. Scheer, A.-W.; Nüttgens, M.; Zimmermann, V.: Rahmenkonzept für ein integriertes Geschäftsprozeß-management. Wirtschaftsinformatik 37 (1995) H. 5, S. 426 -434, s. bes. S. 430.

[18] Vgl. die Begriffe „flexibel" und „Flexibilität" im Duden „Fremdwörterbuch". Bearb.: W. Müller u.a. Bd. 5: Fremdwörterbuch, Hrsg.: Wissenschaftlicher Rat der Dudenredaktion - G. Drodowski. 5. Aufl., Mannheim-Leipzig-Wien-Zürich (Bibliographisches Institut) 1990, S. 256 - 257.

[19] Jacob, H.: Unsicherheit und Flexibilität - Zur Theorie der Planung bei Unsicherheit. ZfB, 44 (1974) Nr. 5, S. 297 -326, S. 403 - 448 und S. 505 - 526, s. bes. S. 322.

[20] Vgl. Schneeweiß, C. u. Kühn, M.: Zur Definition und gegenseitigen Abgrenzung der Begriffe Flexibilität, Elastizität und Robustheit. zfbf, 42 (1990) H. 5, S. 378 - 395, s. bes. S. 379 und S. 384.

aktiver, offensiver, ungerichteter und rahmenverändernder Weise."[21] Dieser Ansatz erscheint im Rahmen dieser Arbeit geeignet, da er das Unternehmen als ganzheitliches System sieht und sich die Flexibilitätsaspekte zu einem widerspruchsfreiem Konzept zusammenfügen lassen.[22]

Abgrenzend seien hier auch die Begriffe „Elastizität" [23] und „Robustheit" erwähnt, die mit dem Flexibilitätsbegriff verwandt sind. Elastizität ist das Maß für die Fähigkeit eines Systems auf Störeinflüsse zu reagieren und Robustheit ist die Unempfindlichkeit gegenüber Veränderungen.[24] Ein robustes System muß sich folglich nicht auf bestimmte Veränderungen einstellen, da sich diese nicht auf das System auswirken.

1.4.3   Groupware und Workflow-Management-Systeme

„Groupware stellt computergestützte Konzepte für die Teamarbeit bereit. Damit erscheint Groupware so griffig wie 1982 die PC-gestütze Tabellenkalkulation - nämlich kaum."[25]

„Im Gegensatz zu Bürokommunikationspaketen, die die Produktivitätssteigerungen am eigenen Arbeitsplatz zum Inhalt haben, zur Bearbeitung von Bürovorgängen gedacht sind und reinen Nachrichtenaustausch zwischen einzelnen Personen ermöglichen, sind Groupware-Produkte vorrangig zur Unterstützung von unstrukturierten Arbeitsabläufen und Aktivitäten konzipiert. Groupware unterstützt das koordinierte Arbeiten in der Gruppe, ohne den Einzelnen

---

[21] Thielen, C. A. L.: Management der Flexibilität: Integriertes Anforderungskonzept für eine flexible Gestaltung der Unternehmung. Bamberg 1993, S. 69.
[22] Vgl. Reichwald, R.: Bewertung von Reorganisationsprozessen - Ein strategieorientierter Ansatz zur erweiterten Wirtschaftlichkeit. In: Rechnungswesen und EDV: Kundenorientierung in Industrie, Dienstleistung und Verwaltung. 17. Saarbrücker Arbeitstagung 1996. Hrsg.: A.-W. Scheer. Heidelberg 1996, S. 27 - 51, s. bes. S. 37. „Die Zielsetzungen müssen, wenn sie auf eine unternehmensweite Gestaltung ausgerichtet sein sollen, für die einzelnen Wertschöpfungsketten des Unternehmens ganzheitlich formuliert werden." Verwiesen sei an dieser Stelle auch auf Kapitel zwei. Vgl. zum ganzheitlichen Ansatz vertiefend: Probst, G.: Ordnungsprozesse in sozialen Systemen aus ganzheitlicher Sicht. Berlin 1987.
[23] Vgl. hierzu auch die Ausführungen von Pack, L.: Elastizität. In: Handwörterbuch der Betriebswirtschaft. Hrsg.: E. Grochla u. W. Wittmann. 4. Aufl., Stuttgart 1974, Spalte 1251 - 1259, s. bes. Spalte 1251 - 1259. Pack geht hier auch auf die verschiedenen Elastizitätsarten ein, die hier aber unberücksichtigt bleiben sollen.
[24] Vgl. Schneeweiß, C. u. Kühn, M.: Zur Definition und gegenseitigen Abgrenzung der Begriffe Flexibilität, Elastizität und Robustheit. zfbf, 42 (1990) H. 5, S. 378 - 395, s. bes. S. 380 - 385.
[25] Schwabe, G. u. Krcmar, H.: CSCW-Werkzeuge. Wirtschaftsinformatik, 38 (1996) H. 2, S. 209 - 224, s. bes. S. 211.

einzuschränken. Der Einsatz ist also immer sinnvoll, wenn eine Gruppe in arbeitsteiligen Prozessen ein gemeinsames Ziel verfolgt."[26]

Mit dem Begriff Groupware wird folglich die koordinierte Computerunterstützung der Arbeitsabläufe von Arbeitsgruppen oder Projektteams verstanden, wobei die Groupware Werkzeuge benutzt, die im Gruppenzusammenhang sinnvoll eingesetzt werden können.[27]

Workflow-Management-Systeme werden auch als Vorgangssteuerungssyteme oder Vorgangs-bearbeitungssyteme bezeichnet. *Schönecker* definiert ein solches Vorgangsbearbeitungssystem als „flexibel gestaltbare, nach einem organisatorischen Regelwerk arbeitende, aktiv einwirkende Software, die einen über mehrere Arbeitsplätze gehenden Vorgang steuert und bestehende technische Basiskomponenten einbindet. Mit Systemen der Vorgangssteuerung ist es möglich, komplexe Aufgabenzusammenhänge, an denen eine Vielzahl von Mitarbeitern und Stellen arbeiten, zu unterstützen."[28]

Karagiannis definiert ein Workflow-Management-System als „ein rechnergestütztes System, das die Ablaufkontrolle von betrieblichen Abläufen (Geschäftsprozessen) zwischen Personen in Abhängigkeit von ihren Rollen in einer Organisation sicherstellt. Der Arbeitsfluß wird aus modellierten Geschäftsvorfällen, die aus einer Menge von elementaren Tätigkeiten (Aktivitäten), bestehen, abgeleitet. Die Funktionalität dieser Aktivitäten wird rechnergestützt (Aktivierung existierender Softwarekomponenten) und/oder manuell (Einbindung von Mitarbeitertätigkeiten) umgesetzt."[29]

---

[26] Schmidt, I.: Groupware ist für alle da. Workgroup-Computing. Bank-Magazin, (1993) H. 11, S. 42 - 44, s. bes. S. 42.

[27] Vgl. hierzu die Ausführungen über CSCW und GW im Abschnitt 4. Vgl. hierzu auch vertiefend: Krcmar, H. u. Lewe, H.: Groupware. Arbeitspapier Nr. 22, Universität Hohenheim, Stuttgart 1991.

[28] Schönecker, H. G.: Begriffe des Geschäftsprozeß-Managements. OM, (1993) H. 7-8, S. 56 - 57.

[29] Karagiannis, D.: Die Rolle von Workflow Management beim Re-Engineering von Geschäftsprozessen. DV-Management, (1994) H. 3, S. 109 - 115, s. bes. S. 110. Vgl. ebenso: Karagiannis, D.: Toward Business Process Management Systems. Tutorial in the International Conference on Cooperative Information System (CooIS'94). Toronto 1994.

Jablonski beschreibt ein WMS als „System zur Ausführung von Workflows. Es unterhält sowohl eine Modellierungs- als auch eine Laufzeitkomponente. Erstere dient der Spezifikation von Workflows, letztere definiert eine Ausführungsumgebung für Workflows."[30]

WMS sind folglich flexible Systeme, die nach organisatorischen Regeln Aufgaben und Abläufe von Arbeitszusammenhängen durch Geschäftsprozeßmodellierung und ablaufbegleitende, rechnergestützte Kontrollen steuern.

---

[30] Jablonski, S.: Workflow-Mangement-Systeme. Modellierung und Architektur. 1. Aufl., Bonn 1995, S. 97. Wobei Workflows in diesem Zusammanhang mit Vorgängen gleichgesetzt wird.

2   Flexibilität

„Ein Mensch sah jedesmal noch klar:

Nichts ist geblieben so, wies war.-

Woraus er ziemlich leicht ermißt,

Es bleibt auch nicht so, wies grad ist.

Ja, heut schon denkt er, unbeirrt:

Nichts wird so bleiben, wies sein wird."[31]

(Eugen Roth)

Bei Übertragung der Worte in die heutige Sprache und auf die Ebene der Betriebswirtschaftslehre kann man sagen, daß alle Dinge sich verändern und es nur eine Frage der Zeit ist, bis man eine gewählte Strategie im Kampf gegen die stetige Veränderung anpassen und erneuern muß. Doch bevor eine Strategie geändert werden kann, müssen zuerst die Voraussetzungen für Flexibilität vorliegen.

2.1   Die Merkmale und die Eigenschaften der Flexibilität

In diesem Abschnitt wird die Grundlage für die Flexiblitätsforderung vorgestellt und über verschiedene Teilaspekte und Eigenschaften der Flexibilität berichtet. Neben dem Umweltwandel als Basis werden die Dynamik, die Statik und die Unbeweglichkeit sowie die Komplexität in Bezug zur Flexibilität behandelt. Als wichtiges Merkmal der Flexibilität wird danach die Anpassungsfähigkeit im Rahmen der Flexibilität aufgezeigt.

2.1.1   Umweltwandel erfordert Flexibilität

Die Entwicklung des technologischen Wandels vollzieht sich immer kapitalintensiver und in schnelleren Zyklen bis zur Marktreife, wie auch die eigentliche Lebensdauer eines Produktes sich ständig verkürzt.[32] Durch Globalisierung und Wandel der Wettbewerbslandschaft hat sich

---

[31] Roth, E.: Gründliche Einsicht. In: Mensch und Umwelt - Heitere Verse. München 1975 (erste Aufl. 1948), S. 43.
[32] Vgl. Wöhe, G.: Einführung in die Allgemeine Betriebswirtschaftslehre. 19. Aufl., München 1996, S. 639 - 660.

die Marktstruktur verändert. Hinzu kommt ein allgemeiner Wertewandel.[33] Der Umweltwandel vollzieht sich diskontinuierlich und mit hoher Geschwindigkeit.

Für die Unternehmung gilt oft noch ein herkömmliches Werteverständnis und der Glaube an eine uneingeschränkte Durchführbarkeit von Maßnahmen ohne vorherige Prüfung der aktuellen Verhältnisse. Die geistige Mobilität fehlt, den Wandel zu erkennen. Die Unternehmensstrukturen weisen oftmals Starrheit auf und besitzen keine Transparenz. Die Informationsversorgung ist unzureichend und unpassende Führungsstile führen zu einer Verlangsamung der Entscheidungswege.[34] Das Handeln ist reaktiv und ausführend und das Denken geschieht nicht in vernetzten Zusammenhängen.[35] Durch „Einsatz entsprechender Maßnahmen" darf aber „die Überlebensfähigkeit des Unternehmens zu keinem Zeitpunkt gefährdet" werden.[36]

Trends in der Umwelt	Bild der Realität in der Unternehmung
<ul><li>Innovationen</li><li>Technologische Neuerungen</li><li>Verkürzung des Produktlebenszyklus</li><li>Verschärfung des Wettbewerbs</li><li>Globalisierung der Märkte</li><li>Veränderte Werte</li></ul>	<ul><li>Machbarkeitsglaube</li><li>Bürokratie</li><li>Zentralismus</li><li>Hierachie</li><li>Zentralisierte Informationsflüsse</li><li>Information als Machtfaktor</li><li>Autoritär-hierachisches Verhalten</li><li>geringe geistige Mobilität</li><li>Spezialistentum</li><li>Fehlervermeidung</li></ul>

Abb. 1: Umweltwandel erfordert Flexibilität (nach Thielen)[37]

Die Erforderlichkeit der Flexibilität ergibt sich, wie in der Abbildung ersichtlich, aus dem Ungleichgewicht zwischen der Unternehmung und ihrer Umwelt. Je größer der Unterschied zwischen der Unternehmung und der Umwelt ist, desto instabiler ist das Unternehmen und desto dringlicher muß die Forderung nach Flexibilität sein. „Die wichtigste Anforderung an eine

---

[33] Vertiefend hierzu Tietz, B.: Binnenhandelpolitik. 2. Aufl., München 1993, S. 221 - 226.
[34] Vgl. Klotz, U.: Schlüssel zur Organisation der Zukunft (I) - Business Reengineering, Networking und Groupware. OM, 43 (1995) H. 1-2, S. 10-13, s. bes. S. 12.
[35] Vgl. Vester, F.: Leitmotiv vernetztes Denken. Für einen besseren Umgang mit der Welt. München 1988.
[36] Zahn, E.: Strategie und Struktur. In: Enzyklopädie der Betriebswirtschaftslehre. Hrsg.: N. Szyperski. Bd. 9: Handwörterbuch der Planung, Stuttgart 1989, Spalte 1885 - 1916, s. bes. Spalte 1890.
[37] Vgl. Thielen, C. A. L.: Management der Flexibilität: Integriertes Anforderungskonzept für eine flexible Gestaltung der Unternehmung. Bamberg 1993, S. 21.

Strategie in Zeiten ungewisser Umfeldentwicklungen ist die der Flexibilität. Die Schaffung einer in diesem Sinne zweckmäßigen und führbaren Unternehmensstruktur ist einer der wesentlichen strategischen Grundsätze."[38]

2.1.2 Flexibilität und Dynamik

Eigenschaften des Umweltwandels sind die Diskontinuität, die Dynamik und Komplexität.[39] Die Diskontinuität steht in diesem Zusammenhang für den sich verbreiternden, relevanten Ausschnitt der Umwelt für das Unternehmen und deren Einfluß auf die Interaktion mit diesen Tendenzen und Trends. Das bedeutet, daß sich durch die Diskontinuität die Probleme verschärfen, indem die Informationen nicht vollständig wahrgenommen werden und das Unternehmen Entscheidungen unter einem wachsenden Zeitdruck treffen muß.

2.1.3 Flexibilität versus Statik, Stillstand und Unbeweglichkeit

Nach *Thielen*[40] ist ein System dann dynamisch, wenn es eine hohe Veränderlichkeit im Zeitablauf aufweist und sich die Veränderungen mit einer hohen Geschwindigkeit vollziehen. Das Gegenteil von Dynamik ist die Unbeweglichkeit. Das Unternehmen verhält sich dann statisch oder zeigt die „laissez-faire"-Strategie durch Stillstand.[41] In einer Situation, in der sich das Unternehmen nur der Dynamik anpassen kann, spricht *Bleicher* von einer Zeitschere. Das Bild der Schere scheint Bleicher gewählt zu haben, weil bei wachsender Komplexität die benötigte Reaktionszeit steigt und die erforderliche Reaktionszeit bei zunehmender Dynamik sinkt. Die Kluft zwischen Umwelterfordernissen und dem unternehmerischen „Nichtstun" verstärkt sich weiter. So sind die mangelnde Anpassungs- und Handlungsgeschwindigkeit und das Verschließen der Augen vor der Zeitschere die Grundlage für neue Anforderungen an einen adäquaten Umgang mit der Dynamik.

---

[38] Zahn, E.: Strategie und Struktur. In: Enzyklopädie der Betriebswirtschaftslehre. Hrsg.: N. Szyperski. Bd. 9: Handwörterbuch der Planung, Stuttgart 1989, Spalte 1885 - 1916, s. bes. Spalte 1890. Vgl. hierzu auch die Ausführungen von Zahn zur Strategie im Rahmen des Flexibilitätsmanagements im gleichen Kapitel.
[39] Vgl. Thielen, C. A. L.: Management der Flexibilität: Integriertes Anforderungskonzept für eine flexible Gestaltung der Unternehmung. Bamberg 1993, S. 26 - 28.
[40] Vgl. Thielen, C. A. L.: Management der Flexibilität: Integriertes Anforderungskonzept für eine flexible Gestaltung der Unternehmung. Bamberg 1993, S. 32.
[41] Vgl. Schneeweiß, C. u. Kühn, M.: Zur Definition und gegenseitigen Abgrenzung der Begriffe Flexibilität, Elastizität und Robustheit. zfbf, 42 (1990) H. 5, S. 378 - 395, s. bes. S. 379 und S.384.

2.1.4   Flexibilität und Komplexität

Die Umwelt ist ein komplexes System mit Teilsystemen, die z.b. aus Kunden, Lieferanten oder dem Staat bestehen und Beziehungen untereinander haben.[42] Diese wiederum berühren in unterschiedlicher Weise die Umweltsituation des Unternehmens in ökologischer, technologischer, wirtschaftlicher oder sozialer Art. Die Unternehmen haben im Vergleich zur Umwelt eine geringere Komplexität und sehen die Komplexitätsbewältigung darin, diese durch beherrschbare Kompliziertheit durch z.b. Bürokratisierung zu ersetzen. Die hohe Veränderlichkeit und das Unverständnis der Komplexität stellen Anforderungen an den Umgang mit der Komplexität. „Für ein adäquates Umgehen mit den Zielen (Anforderungen) ist das Verfügen über Informationen unerläßlich."[43] Eine zielgerichte Handlung schränkt jedoch die Anzahl der Möglichkeiten und Informationen ein. Die Frage ist, wieviele Informationen und welche benötigt werden. In schwierigen Situationen scheint die Reduktion der Komplexität sinnvoll und notwendig zu sein. Wobei eine nicht berücksichtigte Entwicklung eine generelle oder wenigstens teilweise Revision der Planung erfordert.[44] Die Unternehmensflexibilität sollte daher im Vordergrund der Strategie stehen, um das Überleben des Unternehmens zu sichern und die Komplexität der Umwelt zu bewältigen.[45] Zusammenfassend kann man sagen, daß durch den Wandel der Umwelt die Unternehmen durch Anpassung an die neue Situation durch gesteigerte Flexibilität[46] reagieren müssen und dadurch die Flexiblität ein wichtiger Wettbewerbsfaktor wird.

---

[42] Vgl. hierzu vertiefend Bronner, R.: Komplexität. In: Handwörterbuch der Organisation. Hrsg.: E. Frese. 3. Aufl. Stuttgart 1992, Spalte 1121 - 1130. S. bes. Spalte 1123 - 1124.
[43] Badke-Schaub, P. u. Tisdale, T.: Die Erforschung menschlichen Handelnsin komplexen Situationen. In: Computersimulierte Szenarien in der Personalarbeit. Hrsg.: B. Strauß u. M. Kleinmann. Göttingen 1995, S. 43 - 56. S. bes. S. 46.
[44] Vgl. Badke-Schaub, P. u. Tisdale, T.: Die Erforschung menschlichen Handelnsin komplexen Situationen. In: Computersimulierte Szenarien in der Personalarbeit. Hrsg.: B. Strauß u. M. Kleinmann. Göttingen 1995, S. 43 - 56. S. bes. S. 46 - 47.
[45] Vgl. Thielen, C. A. L.: Management der Flexibilität: Integriertes Anforderungskonzept für eine flexible Gestaltung der Unternehmung. Bamberg 1993, S. 34.
[46] Vgl. die Definition von Flexiblität in Kapitel eins.

2.1.5 Die Anpassungsfähigkeit im Rahmen der Flexibilität

Als Grundlage für das Verständnis der Flexibilität ist zu klären, inwieweit sich ein Unternehmen an die neue Umweltsituation „anpasssen" muß, was in diesem Fall mit Flexibilität gemeint ist und wie man diese Flexiblität weiter differenzieren kann.

Unter Anpassung versteht *Krieg* die Fähigkeit der Unternehmung interne oder externe Störungen auszugleichen, damit sie sich nicht negativ auf die Unternehmenssituation auswirken.[47] „Continuous adaptability is better than temporary adaption."[48], was bedeutet, daß die kontinuierliche Anpassung folglich dem Erreichen eines Zustandes der Anpassung vorzuziehen und anzustreben ist. Es soll also keine Systemstabilität erreicht werden, sondern das System soll offen bleiben für Veränderungen.

Reichwald u. Behrbohm[49] unterscheiden Formen der Anpassung durch den Handlungsursprung in reaktive, aktive und proaktive, als auch nach der Einstellung zum Wandel defensive und offensive Arten der Anpassung. Eine reaktive Anpassung erfolgt nach Eintritt der neuen Umweltsituation, wenn bereits ein Schaden oder eine Auswirkung eingetreten ist. Die aktive Anpassung geschieht zwar auch erst nach Eintritt der Veränderung, jedoch bevor sich diese auswirken kann. Die proaktive Anpassung ist nach *Thielen*[50] keine Anpassung im herkömmlichen Sinne, da sie den in der Zukunft auftretenden Anpassungsbedarf beschreibt. Das reaktive Anpassungsverhalten wird durch eine defensive Haltung gegenüber Änderungen hervorgerufen. Optimal wäre also eine proaktive „hohe persönliche Beweglichkeit" und die „Fähigkeit, dieses Wissen (im Sinne einer adaptiven flexiblen Planung) optimal einzusetzen".[51] Fehler sollen bei der adaptiven Planung aufgegriffen und daraus für zukünftigen Situationen

---

[47] Vgl. Krieg, W.: Kybernetische Grundlagen der Unternehmensgestaltung. Bern 1971, S. 67. Krieg unterscheidet in diesem Zusammenhang den Zustand des Angepaßtseins und der Anpassung als Prozeß.
[48] Gilbreath, R.: Planning for the Unexpected. The Journal of Business Strategy, Fall (1987), S. 44 - 49, s. bes. S. 49.
[49] Vgl. Reichwald, R. u. Behrbohm, P.: Flexibilität als Eigenschaft produktionswirtschaftlicher Systeme. ZfB, 53 (1983) H. 9, S. 831 - 853, s. bes. S. 845 - 846.
[50] Vgl. Thielen, C. A. L.: Management der Flexibilität: Integriertes Anforderungskonzept für eine flexible Gestaltung der Unternehmung. Bamberg 1993, S. 56.
[51] Schneeweiß, C. u. Kühn, M.: Zur Definition und gegenseitigen Abgrenzung der Begriffe Flexibilität, Elastizität und Robustheit. zfbf, 42 (1990) H. 5, S. 378 - 395, s. bes. S. 393 - 394.

gelernt werden.[52] Dadurch hat das Unternehmen die Möglichkeit, die Veränderung nicht nur zu meistern, sondern sie zu einer Chance umzuwandeln.

2.2   Flexibilitätsformen

Innerhalb der Flexibilitätsformen ist eine Unterscheidung nach äußerer und innerer Flexibilität möglich.[53] Äußere Flexibilität unterteilt *Mann* in:

- die Kapazitätsflexibilität, die durch z.b. eine eiserne Reserve oder kurzfristige Ausbringungssteigerungen gekennzeichnet ist.
- die Besetzungsflexibilität, die z.b. im Rahmen von flexiblen Fertigungssytemen[54] durch personelle Stellenbesetzungen erfüllt wird.
- die Ablaufflexibilität, die sich auf Unterbrechungen im Produktionsablauf bezieht.
- die Typenflexibilität[55], die sich durch die Breite der angebotenen Produkte definiert.
- die Technologieflexibilität mit der Produktflexibilität[56] durch mehrere Fertigungslinien und die Rationalisierungsflexibilität.

Die innere Flexiblität unterscheidet der Autor durch Aufgaben-, Einsatz- und Strukturflexibilität. Die Flexibilität wird von *Mann* jedoch sehr technisch und nur bezogen auf die Produktion (z.B. in flexiblen Arbeitssystemen) betrachtet.

Die Flexibilitätsformen kann man auch nach der Wirkungsrichtung, dem Wirkungsfeld und der Wirkungsweise unterscheiden. Nach der Wirkungsrichtung kann man die externe und interne Flexibilität unterscheiden. Diese sind mit der inneren und äußeren Flexibilität von *Mann*

---

[52] Verwiesen sei an dieser Stelle auf Wössner, M.: Integration und Flexibilität - Unternehmensführung in unserer Zeit. In: Integration und Flexibilität: eine Herausforderung für die allgemeine Betriebswirtschaftslehre. Hrsg.: D. Adam, K. Backhaus, H. Meffert, H. Wagner, Wiesbaden 1989, S. 61-77, s. bes. S. 74 - 75. Wössner bezeichnet diese Situation mit „learning-by-doing" der Mitarbeiter. Er setzt hier eine Befähigung und starke Bereitschaft der Mitarbeiter voraus.

[53] Vgl. Mann, W. E.: Organisationsentwicklung in der Produktion: Wege zu Produktivität u. Flexibilität. Grafenau/Württemberg 1984, S. 52 - 59.

[54] Vgl. Scheer, A.-W.: CIM (Computer Integrated Manufacturing) - Der computergesteuerte Industriebetrieb. 4. Aufl., Berlin-Heidelberg-New York-London-Paris-Tokyo-Hong Kong 1990, S. 53 u. S. 137.

[55] Vgl. hierzu die Ausführungen von Lorenz, G.: Größere Flexibilität durch Innovation. zfbf, 37 (1985) H. 2, S. 138 - 143, s. bes. S. 138 - 143 bezüglich der Flexibilität durch Innovation.

vergleichbar. Die interne Flexibilität bezieht sich auf die Leistungserstellung im Unternehmen, und die externe Flexibilität ist auf den Absatz der Leistungen gerichtet und hat damit eine strategische Ausrichtung.[57] Die Einflußnahme auf die externe Flexibilität ist jedoch durch die Umweltverhältnisse begrenzt und setzt die interne Flexibilität als entscheidende Größe voraus. Nach dem Wirkungsfeld kann man eine gerichtete und ungerichtete Flexibilität unterscheiden. Bei der gerichteten Flexibilität stellt sich ein Unternehmen auf die zukünftigen Veränderungen frühzeitig ein und bereitet sich darauf vor. Es handelt sich um eine gezielte Form der aktiven Anpassung an bestimmte Veränderungen.[58] Nach der Definition aus Kapitel eins beschreibt die Flexibilität jedoch die Anpassung des Systems an sich und nicht nur an bestimmte Umweltzustände. Die Veränderungen sind jedoch umfassend und nicht innerhalb von Bandbreiten durch eine gerichtete Flexibilität zu bewältigen. Die ungerichtete Flexibilität zielt darauf ab, „die Unternehmung mit der für eine Anpassung notwendigen Dynamik und Varietät zu versehen."[59]

Die Flexibilität der Wirkungsweise läßt sich durch rahmenbewahrende und rahmenverändernde Flexibilität darstellen.[60] Die rahmenbewahrende Flexibilität paßt das System nur innerhalb gewisser Bandbreiten an. Die rahmenverändernde Flexibilität stützt sich nicht auf „vorhandene Denk- und Verhaltensmuster, sondern verändert diese und zielt auf eine grundlegende

---

[56] Vgl. zum Begriff „Leistungstiefe" Schildhauer, T.: Flexibilisierung der Leistungstiefe. ZwF, 89 (1994) H. 10, S. 482 - 484.
[57] Vgl. Thielen, C. A. L.: Management der Flexibilität: Integriertes Anforderungskonzept für eine flexible Gestaltung der Unternehmung. Bamberg 1993, S. 62 - 64.
[58] Vgl. Jacob, H.: Flexibilität und ihre Bedeutung für die Betriebspolitik. In: Integration und Flexibilität: eine Herausforderung für die allgemeine Betriebswirtschaftslehre. Hrsg.: D. Adam, K. Backhaus, H. Meffert, H. Wagner, Wiesbaden 1989, S. 15 - 60, s. bes. S. 41 - 45. Jacob spricht in diesem Zusammenhang von Entwicklungsflexibilität. Meffert bezeichnet dies als Aktionsflexibilität. Vgl. Meffert, H.: Größere Flexibilität als Unternehmungskonzept. zfbf 37 (1985) H. 2, S. 121 - 137, s. bes. S. 126.
[59] Thielen, C. A. L.: Management der Flexibilität: Integriertes Anforderungskonzept für eine flexible Gestaltung der Unternehmung. Bamberg 1993, S. 65. Vgl. hierzu Jacob, H.: Flexibilität und ihre Bedeutung für die Betriebspolitik. In: Integration und Flexibilität: eine Herausforderung für die allgemeine Betriebswirtschaftslehre. Hrsg.: D. Adam, K. Backhaus, H. Meffert, H. Wagner, Wiesbaden 1989, S. 15 - 60, s. bes. S. 19 - 26. Jacob beschreibt diese hier als Bestandsflexibilität. Meffert stellt diese als Strukturflexibilität dar. Vgl. Meffert, H.: Größere Flexibilität als Unternehmungskonzept. zfbf 37 (1985) H. 2, S. 121 - 137, s. bes. S. 126.
[60] Vgl. Jacob, H.: Unsicherheit und Flexibilität - Zur Theorie der Planung bei Unsicherheit. ZfB, 44 (1974) Nr. 5, S. 297 -326, S. 403 - 448 und S. 505 - 526, s. bes. S. 326. Jacob benutzt im gleichen Zusammenhang die Begriffe „bestands-" und „entwicklungsmäßige Flexibilisierungspotentiale im Sinne eines vorgegebenen und anzupassenden Flexibilitätstatbestandes.

Neuorientierung der Unternehmung ab."[61] Eine solche Veränderung in den Strukturen und Zielen wirkt durch die „Neuorientierung" strategisch.

2.3 Dimensionen der Flexibilität

Die Dimensionen der Flexibilität sind Größen, die die Flexibilität bestimmen, messen und optimieren oder einschränken. Das Zielsystem eines Unternehmens wird untersucht und der optimale Grad der Flexibilität bestimmt. Weiterhin werden die Kosten/Nutzenüberlegung als Beschränkung der Flexibilitätüberlegungen betrachtet.

2.3.1 Flexibilität als Zielgröße

In traditioneller Sichtweise ist das Streben nach Gewinn ein wirtschaftliches Ziel eines jeden Unternehmens. *Drucker* vertritt die Meinung, daß der Minimumerlös eines Unternehmens (neben den laufenden Kosten) die zukünftigen Risiken abdecken muß.[62] Ein Unternehmen muß über Erfolgspotentiale verfügen, um den Gewinn auch in der Zukunft sicherzustellen und auch in Zukunft zu überleben. Gerade die Flexibilisierung eines Unternehmens ist eine Voraussetzung für die langfristige Sicherung der Lebensfähigkeit.[63] Das Überleben und das langfristige Wachstum hängen nicht von einzelnen Teilen der Organisation ab, sondern von der gesamten Wertekette.[64] Flexibilität ist daher ein zu erreichendes Ziel des strategischen Managements und Mittel zur Zielerreichung selbst im Sinne der Lebensfähigkeit.[65] Je flexibler ein Unternehmen ist, umso eher ist es auf die Umwelteinflüsse vorbereitet und kann auf die Veränderungen reagieren und dadurch langfristig überleben. Die Flexibilität sollte aber nicht maximiert, sondern optimiert werden.

[61] Thielen, C. A. L.: Management der Flexibilität: Integriertes Anforderungskonzept für eine flexible Gestaltung der Unternehmung. Bamberg 1993, S. 67.
[62] Vgl. Drucker, P.: The Changing World of the Executive. New York 1982, S. 52. Drucker sagt: „What is the minimum profitability needed to cover the future risks for this business?"
[63] Vgl. dazu die Aussage von Reichwald, R. u. Behrbohm, P.: Flexibilität als Eigenschaft produktions- wirtschaftlicher Systeme. ZfB, 53 (1983) H. 9, S. 831 - 853, s. bes. S. 832. „Flexibilität wird in diesen Ansätzen in Anlehnung an biologische Prozesse als existenzielle Voraussetzung für das Überleben künstlich geschaffener Organisationen betrachtet..."
[64] Vgl. Bosch, G.: Flexibilität und Arbeitsorganisation. Hrsg.: Europäische Kommission. Generaldirektion Beschäftigung, Arbeitsbeziehungen und soziale Angelegenheiten. Brüssel-Luxemburg 1995, S. 2.
[65] Vgl. Thielen, C. A. L.: Management der Flexibilität: Integriertes Anforderungskonzept für eine flexible Gestaltung der Unternehmung. Bamberg 1993, S. 85 - 89.

2.3.2   Der optimale Flexibilitätsgrad

Wie im vorhergehenden Abschnitt bereits angedeutet, darf die Flexibilisierung nur in einem bestimmten Ausmaß erfolgen, da sie sonst die gewünschten Effekte in negative Auswirkungen umwandeln kann. Vorstellbar ist für diese Situation eine ständige Verkürzung der Anpassungszeit im Rahmen der Flexibilisierung, bis das Unternehmen nicht mehr in der Lage ist, seine eigentliche Funktion zu erfüllen. „Die undifferenzierte Anpassung an von der Umwelt ausgehende Signale, die zudem noch allzuoft widersprüchlich sind, würde die Unternehmung ihrer Straffheit und Ausrichtung auf die übergeordneten Ziele berauben und so den Leistungsvollzug in hohem Masse beeinträchtigen."[66]

Für *Jacob* stellt sich die Frage nach dem optimalen Flexibilitätsgrad in finanzieller Weise, nämlich in welcher Höhe die Unternehmung bereit ist, „eine Prämie" für die Absicherung eines möglicherweise eintretenden Verlustes (ganz oder teilweise) zu bezahlen.[67] Eine Erhöhung der Flexibilität lohnt sich, wenn die Prämie im Verhältnis zur Verlustabsicherung angemessen erscheint. Eine weitere Optimierung lohnt sich auch dann, wenn sich zusätzlich Gewinnchancen eröffnen.

Die Optimierung der Flexibilität wird von *Schneeweiß u. Kühn* durch das „Zeitungsjungen-problem"[68] beschrieben. „Der „prophetische" Zeitungsjunge würde sich soviele Zeitungen verschaffen, wie an diesem Tag nachgefragt werden würden. Wie die Autoren jedoch zu dem optimalen oder „ideal flexiblen Verhalten" bemerken, ist diese „prophetische" Strategie nicht zulässig oder unrealistisch.[69] Die Frage ist auch, ob die Optimierung und damit Festschreibung

---

[66] Thielen, C. A. L.: Management der Flexibilität: Integriertes Anforderungskonzept für eine flexible Gestaltung der Unternehmung. Bamberg 1993, S. 92.
[67] Vgl. Jacob, H. (1982) Jacob, H.: Die Bedeutung der Flexibilität im Rahmen der strategischen Planung. In: Neuere Entwicklungen in der Unternehmenstheorie. Hrsg.: H. Koch. Wiesbaden 1982, S. 69 - 98, s. bes. S. 88 - 96.
[68] Vgl. Schneeweiß, C. u. Kühn, M.: Zur Definition und gegenseitigen Abgrenzung der Begriffe Flexibilität, Elastizität und Robustheit. zfbf, 42 (1990) H. 5, S. 378 - 395, s. bes. S. 382 - 385.
[69] An dieser Stelle sei angemerkt, daß es zwar unrealistisch ist, die genaue Anzahl zu prognostizieren. Die Überlegung ist jedoch wenig praxisnah, da jeder Kaufmann beim Einkauf die vermutliche Verkaufsmenge täglich abschätzen muß. Die Erfahrung des Einkäufers kann folglich doch zu einer an das Optimum angenäherten Einkaufsmenge führen. Das Beispiel dient natürlich nur zur Veranschaulichung, wurde aber wegen der schlechten Übertragbarkeit ungünstig gewählt, da es nur kurzfristige (tägliche Bestellung) berücksichtigt. Besser wäre ein Beispiel, das eine langfristige Planung beinhaltet, wie z.B. die Bestellung von Modeartikeln auf einer Messe für die übernächste Saison. Anmerkung: Ein Beispiel für eine Anpassung an umweltinduzierte Änderungen in aktiver,

eines bestimmten Flexibilisierungsniveaus einer Maßnahme nicht der Definition der Flexibilität widerspricht. Die Definition oder auch wie oben bereits im Abschnitt 2.2 erwähnt, beschreibt die Anpassungsfähigkeit der Unternehmung und nicht die Fähigkeit, sich an bestimmte Veränderungen anzupassen.

Zusammenfassend kann man sagen, daß die Maximierung und Optimierung der Flexibilität nicht oder nur bedingt unter bestimmten Restriktionen oder bis zu einem gewissen Punkt durchführbar

www.ingramcontent.com/pod-product-compliance
Lightning Source LLC
Chambersburg PA
CBHW031233050326
40689CB00009B/1600